이야기 나무

이야기 나무

•
오 희 용 시집
•

오늘의문학사

시인의 말

시라고 말하기 부끄럽지만 진솔한 마음을 담았습니다.
살아보니 행복이란 별것 아닌 거 같습니다.
좋은 생각으로 살고자 노력하여
주위의 웃음까지 얻을 때는 많이 행복했습니다.
한편 한편에 살아오고 살아가는 그림을 그리면서
실컷 울기도 했지만 마음의 편안함도 있었습니다.
이 글들이 어떻게 받아들여질지 모르겠지만
읽는 이의 마음에 작은 기쁨이길 소망합니다.

시집이 나오기까지 도와주신
모든 분들께 깊은 감사를 드립니다.

2012년 12월
오희용

차례

1부 새해

2부 지금은

3부 그리움

4부 사는 이야기

1부 새해

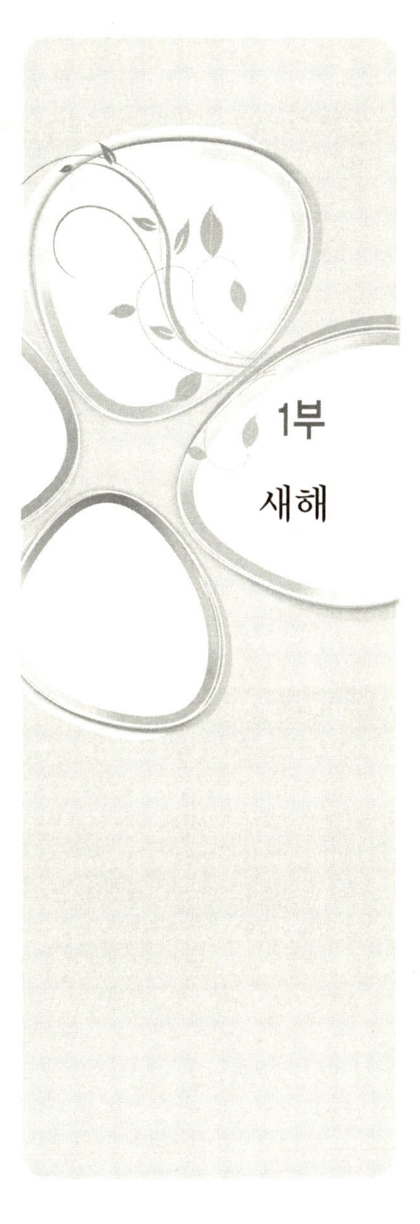

거울

이순을 지난 아이
소변을 보며 거울을 본다

수줍은 얼굴
나이를 넘으려 주름을 펴보지만

남은 세월
멀어지는 추억

사는 것이 고생이라지만
무슨 생이 이렇게 빠른가

얼마나 더 살 수 있을까
아직도 마음은 이십년 연하인데

아침

겨울 아침 7시
아침 바람 가르며 출근
지난 밤 눈이 와서
길이 미끄럽고 바람이 차다

핸드폰을 들고 어렵게 배운
서툰 문자판을 두드린다
아들 며느리에게

눈이 와서 길이 많이 미끄러우니
조심해서 다녀야 한다

딩동
금방 답장이 왔다
네, 알겠습니다
아버지도 조심해서 다니세요
다시 문자 메시지
지금 보시겠습니까?
ok
아, 천사표 며느리다

아버님도 눈길 조심하세요
맘 써주셔서 고맙습니다
아버님 사랑합니다♡
♡딸 같은 며느리

즐거운 아침
산다는 것이
시시하지만
행복하다

콧등이 찡
옆에 아무도 없나
큰소리로 울어버렸다

새해

새해라고 다를 게 있나
어제와 똑 같이 사는 거지

추위 속에 해는 가고 오지만
겨울 산은 흰 눈을 잔뜩 이고 있는데
내가 무슨 말을 할 것인가

오늘 아침 한 잔 차와
한 그릇 국을 앞에 놓고
그것만으로도 풍성한 감사

나이 드는 일이란
내가 선택하는 것이 아니지만
어떻게 나이 드느냐는 것은
스스로 선택해야지

추하게
아니 아름답게

어린 것들 잇몸에

고운 이빨을 보듯
그렇게 사는 거야

생일 선물

생일 전날 늦은 밤에
갑자기
아들 형제가 내 방으로 들어왔다

"아버지, 쉿!"
"웬일들이냐?"
"이거 직불카드입니다."
"직불카드가 뭔데?"
"갑자기 돈이 꼭 필요할 때나
병원 치료비할 때든지
친구들과 식사하실 때 쓰세요.
한 달에 000,000원 정도만 쓰시고
때에 따라 더 쓰셔도 돼요."
"아니, 정말! 나도 돈 있다."
"아버지 돈은 아끼셔야죠.
하늘나라 가실 때
쓸 수 있는 비씨카드 가지고 가신다면서요."

별이 빛나는 밤에
잠이 오지 않아서

초등학교 운동장을 돌고 돌았다
새벽 1시
이렇게 너무 기뻐도
잠이 오지 않는다는 것을
그날 이후 한 번도 쓰지 못한 이 카드는
어떻게 해야 하나요

행복 바이러스

대량으로 쏟아져오는 문자는
메시지 공해다
무담보 당일 대출 천만 원
정품 비아그라 후불제 효과 100%
대리운전 시내권 칠천 원부터
제주도 여행에 당첨되셨습니다
폰이 몸살을 한다

시골에서 한참 일을 하는데
아들에게서 메시지가 왔다
아버지 날씨가 무더운데
실내에만 계세요
건강 조심하시구요
공해 아닌 청량음료다

며느리에게서 메시지 왔다
아버님 시원한 그늘에서
독서하며 쉬세요
얼굴이 너무 여위셨어요
아버님 사랑 합니다♡
깨물어줄 만큼 행복한 바이러스다

명품시계

봄비가 대지를 촉촉하게 적시는 오후
멀쩡하게 생겼지만 좀 엉뚱한 데가 있고
잘사는 척하는 친구가
손목에 번쩍번쩍 빛나는 시계를 차고
내 집에 왔습니다
"이보게 친구, 그 시계 명품이라는 거 아닌가?"
"응 이거, 그런데 짝퉁이야."
"옛끼! 이 사람아,
시계는 시간만 맞으면 되지
명품이 뭐가 필요한가"
가짜 물건을 갖고 다녀도
나는 그 친구가 나를 대할 때만은
진심이었으면.

축제

요즘 장례 식장에는 조등이 안보인다
조화만 몰려다닐 뿐이다

시골 사립문 앞에 걸려있던 조등은
바람이 없는데도 흔들리다 멈추곤 했다

망자의 입김이 스쳐 지나가는지
죽은 이의 눈빛이 번득인다
아무도 봐주지 않는 조등
산사람들만 지켜주는 조등은
무슨 생각을 했을까
하고픈 말들이 있었을까

90을 살다간 망자에게 위로가 될까
호상이라더니 축제라고 한다
상주에게도 위로가 되었으면 좋겠다

옥상

12층 옥상에서 땅을 내려다본다
검은 돌 흰 돌 파란 돌들이
바쁘게 굴러다닌다

크고 작고 길죽한
귀여운 것들

고소공포증이 있어도
가끔은 옥상에서 아래를 본다

비바람 눈보라 치는 날
하늘이 우리에게 주는 선물은
땅에 재미있는 그림을 그린다

잘나지도 않고 모나지도 않게
특별한 사람도 없이
그래 그렇게
둥글게 굴러가며 사는 것이다

오늘을 사는 이야기

날마다 출근해서 하루도 거르지 않고 전화해주는
초등학교 동기동창 깨묵쟁이가 있습니다

내용인 즉 밥 많이 먹었어?
잠은 잘 자구, 아픈 데는 없지?
오늘도 좋은 하루…

날마다 같은 목소리 같은 내용
귀찮기도 하련만
따뜻한 친구의 전화에 하루가 행복합니다

우리는 가난한 세월을 까맣게 잊고 지내는
50년 지기
그가 가까이에 있음은
별보다 빛나는 축복입니다

무말랭이 차

구수하니
마실 만하군
오래 살다 보니
무말랭이 차를 다 마셔보고
골다공증에 좋다나
소화도 돕고 당에도 좋다던가
두루두루 좋다네
좋기로는 산삼만 못 하겠지만
생긴 모습 순해 빠졌으니
거칠어 가는 마음인들
명약처럼 못 다스릴까?
그래서 더욱 더
오는 세월 찻잔 삼아
오래된 친구나
귀한 손님에게
권하고 싶은 차

* 무말랭이 차 - 무를 말려 볶아서 온수에 우린 차

곶감

2010년 겨울
동짓달 그믐
탐스러운 함박눈이
거친 들판에 차곡차곡 쌓이는데
양촌 이메골 곶감이
택배로 도착했다
값을 따지지 말고
맛있게 먹으라는 사연이 들어 있었다
친구의 고마운 마음을 싣고
달콤한 곶감이 목을 넘어가는데
갑자기 어머니 생각에 마음이 울컥한다
이가 없어
무엇하나 제대로 드시지 못하던 어머니
그런데 난 이렇게 큰 사랑을 받아도 되는지…
친구의 마음처럼
쌓이는 눈이 따뜻하다

뚫어진 양말

구멍 뚫린 양말을
꼬매 신을까 하고
반짇고리를 찾으니
어디 있나 찾을 수 없다

그냥 버려야지 하고
쓰레기장으로 가다가
시골 가서 일할 때
한 번 더 신어야지 하고
다시 가지고 온다

시골 가서 일하고 오며
벗어 버릴까 하다
다시 가지고 와 빨아 널었다
옛날에는 다 그랬는데

봉선화

진분홍 꽃잎이
예쁘기도 하더니
어느덧 열매를 맺고
건드리니까
건방지게 톡 튕기네

그래
내년에 보자
그냥 두나

지공남부터 장노인까지

대전역 광장
햇빛이 자리를 깔아놓은 곳
대전 부루스 노래비 앞에
그래도 점잖게 차려입은 노인들이
주고받는 말

난 요즘 지공남 육년차라네
지하철 공짜로 타는 남자야
그려! 나는 동경대 다녀
동네 경로당 다니는 늙은이라고

나는 하버드대 다니는데
하버드대?
하는 일은 없지만 바쁜 사람이라고
아이구! 그래도 나보단 낫군
난 장 노인이야
오래 노는 사람이라구
주고받는 말이 젊은이들 같이
재미있고 행복해 보인다

그 나무

— 계룡산 등산로

계룡산 등산로
좁은 언덕길

거기 오래전부터
서 있는 그 나무

등산객 등살에
허리 굽고

빛나는 계급장
벌레 먹은 뿌리

단풍잎 떨어지면
계급장 달아주고

그래도 흘리는 눈물
더 높은 훈장으로 달래본다

오늘도 그 나무는
봉사활동 중이다

작품

나 아닌 다른 누구도
나를 행복하게 할 수는 없다
추억도 미래도 내가 만든다

지금 내 모든 삶은
내가 만들어 가고 있다
나는 나이기 때문이다

오늘 감사도
내일의 행복도
천국과 지옥도
내가 만들고 있다

빛바랜 사진 속에
많은 추억
내 작품은 내가 만들었다
나는 나일 수밖에 없다

기도

무릎 꿇고
두 손을 모은다

알게 모르게
겁도 없이
덜컥덜컥 지은 죄

두렵고 떨리는 마음으로
먼동이 트기 전
많은 시간
진실의 무릎을 꿇는다

감사는 어디에 버리고
나는 왜
시간마다 용서만 빌까
조용히 심장 뛰는 소리
감사를 찾으려고
다시 손을 모은다

소나무

언제나 젊은 마음으로
당신이 있기에 외롭지 않습니다

당신의 향기 그윽한 숲과
나란히 이어지는 백사장은
등대와 같은 희망입니다

믿을 수 있는 친구처럼
나를 기다려 주니
외롭지 않고 행복합니다

내가 쓸쓸하지 않은 것은
당신이 기다려 주고
같이 걷기 때문입니다

벚꽃

지난 겨울 무척 춥고
눈도 많이 왔습니다

삼월이 따뜻한 봄을 알리는 대문이라면
사월은 초록빛 잎을 맘껏 틔우는 마당입니다

어디서 본 듯한 얼굴들
벚꽃이 환하게 웃으며
나풀나풀 다가옵니다

둥둥 떠가는 발걸음이
마음 벅차게
사랑을 등에 업고 기분 좋게 오니
누구보다 행복한 사월입니다

꽃잎

활짝 핀 벚꽃이
자꾸만 나들이 오라고 불러내어
서둘러 버스에 올랐습니다

눈처럼 흩날리는 꽃잎을 맞으며
신탄진에 다녀오는데
마음이 깨끗해지고 세상이 따뜻해진 듯합니다

집에 와 가방과 주머니에 붙은
꽃잎을 조심스럽게 모아
책 사이에 끼워둡니다

혼자 간직하기보다는
성탄절 카드에 끼워
그리운 이들에게 보내야지 생각하다가
그들에게도 기쁨과 미소가
따뜻하게 전해지길 기도합니다

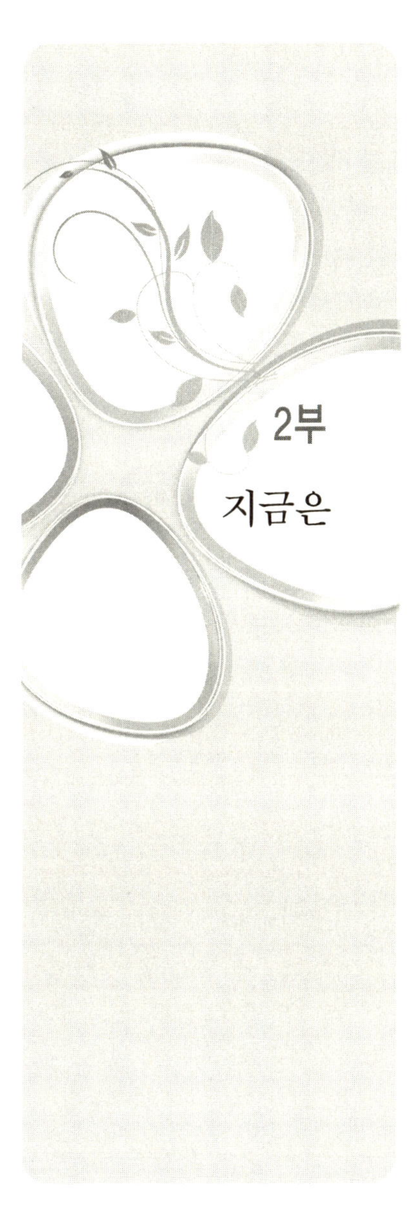

2부

지금은

무진이

우리 어머니 친정
내 외갓집 동네 이름은 무진이
가물거리는 추억 한 페이지
그 집 앞뜰엔
외할머니가 좋아하시던
금낭화가 핀다

나는 내 손자 이름을
무진이라고 지어 부른다
나는 이다음에
호를 진무라고 짓고 싶다

앞뒤 담 밑에
초롱초롱 걸려있는 분홍빛 금낭화
그때 그 추억은
새벽별
마음의 고향이다

지금은

지지부진한 삶을 살면서
무엇인가 잡으려고
아등바등하지 않는,
내가 좋아하는 것들을
그냥 하면서 이렇게 사는 거지
우스워 보일 수도 있겠지만
누가 뭐라든 상관하지 말고
꿈을 찾아가는 거야
아지랑이 가물거리는
봄날을 잡으려고
마음 열어놓고
오늘도 어제같이
보랏빛 발자국

봄날은

하봉산 허리에
여기저기 찔레꽃이 만발했다
벌들은 윙윙
좋겠다 예쁜 꽃 위에서 꿀도 먹고
나는 기껏 어머니 산소 앞에 앉아
막걸리나 마신다.

어머니는 거기서 뭘 드시고 계세요?
하봉산 맑은 공기
청순한 고향의 내음 맡으시며
향그런 박꽃으로 입가심 좀 하세유

* 하봉산 : 고향 선산 어머니 산소가 있는 곳

추석 달

고향으로 달리는
그리움의 달 하나
기다리는 사람들의 가슴에는
설레는 달 하나
고향을 가지 못하고
뒤척이는 잠 속에도
아쉬움의 달 하나
끝내 오지 못하는 사람을
그리는 이의 가슴에도
기원의 달 하나
달은 하나인데.

사랑은

사랑은
등곡리
하봉산 입구 낮은 언덕
어머니 산소 옆에 있는
팽나무 그늘의 시원함이다

사랑은
그 그늘 아래 누워 바라보는
하늘의 새털구름 같은
아늑함이다

옹달샘
조롱박으로
떠 마시는 물 냄새다

친구

아침에 눈을 뜨면
생각나는 이여

식사 시간에도
빈자리일 때도 생각나는 이여

잠자리에 들 때
내일이 기다려지는 이여

매일 아침 눈을 뜨면
잘 잤어?
아픈데는 없고?
밥은?
건강 조심해
좋은 하루!

덜덜거리는 구형자가용을 타고
드라이브를 할 때도
내가 원하는 에프엠 93.3 극동방송을
어김없이 틀어주는 그대

가을하늘 같은 친구가
우리집 옆에
살았으면 좋겠다.

가을

스치는 산들바람
여름내 흘린 주인의 땀방울을 간직한 채
고개 숙인 곡식들을 위해 노래 부르면
세상은 풍요로워진다

내 마음도
여유로워진다

해바라기와 코스모스가
반기는 얼굴,
그리운 옛 친구들에게
가을소식을 띄워 보낸다

눈부신 햇살 사이로
행복이 가득한 계절이 되라고
좋은 날들로
기분 좋은 생각이 가득하다.

칠월에

검은 구름이 몰려와
장대같은 비 쏟아지더니
흰 구름 두둥실
잠자리 날개를 타듯
익어가는 옥수숫대 위에 앉았다
오랫동안 만나지 못했던 벗들에게
옥수수 한 소쿠리씩 보냈다
기뻐할 그 눈빛을 생각하며
나도 기분 좋은
잠자리 날개를 탄다

꿈

행복이
사랑에게 말합니다
구속하고 구속받는 게
행복이라 느껴질 때가 있습니다
사랑은
꿈같이
가장 아름답습니다
꿈보다
빛나는 별입니다

봄산은

흙 향기
꽃향기
풍선처럼 부풀어 오른
봄날의 산은
내 마음도 덩달아
부풀어 오르게 한다

봄 산의 높이만큼
푸르고만 싶은데
눈부시게 치장한 봄 산은
진한 향으로
나를 유혹하는데
실버들 찰랑대듯
봄날은 간다

경품 사기 전화

며칠 전 오후 늦은 시간에 낯선 전화가 왔다. 여자의 밝은 목소리가 연이어 들려왔다. 축하드립니다. 휴대전화 끝자리가 0047이지요? 우리 회사 콘도미니엄 10주년 경품행사에 당첨 되었습니다. 그런 회사 나는 모르고 응모한 적도 없다고 대답했다.

휴대폰 번호로 경품행사를 했으며 100명중 내가 당첨됐다는 것이다. 계속 축하 한다며 애교 섞인 목소리로 조금은 정중하게 기념품과 무료 숙박권 30장을 보내 드릴 테니 주소를 불러 달란다. 왠지 의심스러워 싫다고 했다. 이름도 주소도 모르는 것을 보니 그런 행사에 내가 당첨될 리가 없다고 했다.

그녀는 괜찮다며 주소만 알려주면 지금 찾아뵙겠다며 애원하듯 보챈다. 나는 시간이 없다고 전화를 일방적으로 끊어버렸다. 그런데 며칠 후 낯선 남성의 전화가 걸려왔다. 며칠 전에 당첨된 경품권과 기념품을 가지고 갈 테니 빨리 주소를 알려달란다. 마감시간이 되어서 시간이 없다며 초조한 음성이다. 그 여자와 한통속인가? 이 남자 웃기는 사람이다. 비씨카드나 국민카드가 있으면 카드 번호와 비밀번호를 알려달란다.

왜냐고 물었더니 회사에서 평생 할인되는 특별 회원권을 만들어 주겠단다. 왠지 느낌이 이상했다. 그건 안 된다고 딱 잘라 말했더니 '안됐군요. 경품권과 기념품을 받을 수 없게 됐습니다.' 하는 것이다. 난 괜찮다고 했다. 나는 공짜를 좋아하지 않는 사람이니 공짜 좋아하는 사람이나 주라고 비아냥거렸다. 그러자 그 남자는 갑자기 거칠게 전화를 끊었다.

그날 저녁 집식구들에게 말했다. 아내는 그게 경품사기인 걸 왜 모르느냐고 했다. 알고 있었으니 사기에 걸리지 않았다며 웃었다. 자기만 살기 위해 남을 속이려는 그 남녀의 목소리가 귓전을 울린다. 그들의 삶이 애달펐다.

오늘

아직은 겨울인가 했는데
문학사랑 봄호가 도착했다
'아유, 이걸 언제 다 읽나!"
모두가 글을 쓰느라 애를 태웠을 텐데
미리부터 걱정을 하고 머리를 쥐어 박는다
어느새 읽는 동안 내 가슴에는
예쁜 꽃이 피었다
어느 글을 읽으니 가슴이 아프다
또 어떤 글을 읽으니
미워하지 말자는 생각도 든다
어느 당선 소감은
진달래꽃 설레임 같다
그러하니 상을 받지 하는 생각이
예쁜 물감처럼 번져온다

고층 아파트

17층 아파트에는 사람만 살지 않고
새가 둥지를 틀고 알을 품습니다
그래서 새가 날아드는 둥지로
하늘이 내려오고 구름도 쉬어갑니다

멀리 계룡산이 보이고
가까이 계족산 봉우리가 손짓을 합니다
그래서 우리는 자연과 가까운 하나입니다

새의 날개가 소식을 물어오는 집
그 집에는 효자 내외와
말 잘 듣는 손자손녀도 함께 삽니다

그들은 날마다 서로에게
건강하고 행복하길 바라며
춥지만 따뜻한 겨울을 만들어 갑니다

그 어머니 그 딸

세월이 흘러 정년을 했다
하루가 지루해서 아르바이트라는 것을 했다
모 대학 건물 안내원이었다

어느 날 근무 시간에 모르는 중년여인이
날 보고 반갑게 인사를 한다
눠 시드라
아무개 큰딸 누구라고 했다
어린이집 원장을 하며
대학원 사회복지과 등록하고 수업을 듣는단다
등하교 때마다 미소 짓고 인사하는 원장선생님
어느 날은 재롱잔치를 했다고 다과를 챙겨다 주고
또 어느 날은 생일 파티를 했다고
간식을 나 몰래 자리에 놓고 갔다
어쩌면 자기 엄마 친구가 별로 좋지 않은 자리에 있다고
피해 다닐 만도 한데
내가 좀 멀리 있으면 일부러 눈 마주치고 인사를 하고 간다

그 어머니 그 딸이었다
그의 친정어머니는

55년 전 초등학교 졸업생 모두가 부러워하던
도지사 상을 받은 친구였다
그 딸을 보면 그 어미를 보는 것 같이
참 모습이 가슴에 닿는다

봄

매운바람이 잔뜩 움츠린 마음에도
고달픈 봄을 기다립니다

멀리 봄 오는 소리가 들립니다
마당 가득 내 방을 들여다보고 서있는
목련나무 꽃봉오리도 한결 도톰해 보입니다

먼 산 응달엔 지난해 내린 눈이
여전히 녹지 않고 매달려 있습니다
동장군이 우리를 쉽게 놓아줄 것 같지 않아 보입니다
이번 겨울은 왜 길게 느껴지는 것일까요?
먼 산 눈이 녹기 전 그리운 사람을 만나지 못 할일까요?

아지랑이 가물거리고 포근한 졸음이
살갗에 퍼지는 걸 보니
봄은 봄입니다

시 짓기

새벽 4시
세수를 하고
기도하는 마음으로
머리를 동여매고
끙끙 앓는다

무슨 놈의 시를 쓴다고
가슴 아린 눈물도 흘린다

큰 병이 든 것 같다
입에선 단내가 나도
추억을 녹여 시를 만든다

바람이 불면 새벽별 보며
희열을 느낀다
'그래 이 맛이야.'
아침까지 추억을 녹인다

2012년

문을 열면
해님이 금방 방안으로
손을 쑥 내밀 것처럼
가슴 설레는 새해 아침입니다

왠지 올해는 좋은 일들이
많이 생길 것 같은 행복한 느낌으로
첫날을 맞습니다

2011년을 보내면서
마음 아팠던 모든 일들은 다 떠나보내고
다시 만나지 않기로 했습니다

2012년 새해에 이루고 싶은
많은 소망들 하나하나
행복한 해를 만들고 싶습니다

내 나이 어느덧 칠십
바쁘게 살다보니
언제 여기까지 왔는가 하지만

행복했던 세월이었습니다

하나님 감사, 감사합니다

구제역

눈도 많이 오고 유난히 추웠다
그뿐이랴 가축 구제역과 조류독감이
우리를 더욱 춥게 했다

살아있는 생명을
처분이라는 비정하고 무감각한 단어로
죽인다는 것에 전율이 일어난다

차마 눈 뜨고 볼 수 없는 매립현장
자식 같은 가축을 하루아침에 그것도 수십 마리를
살 처분해야 하는 축산농가
농장 주인은 통곡하는데 위로도 할 수 없는 우리는
외면하고 있어야만 하는지

24시간 이웃도 자식도 친척 왕래도 못하고
구제역 확산에 두려운 감옥생활로
명절은 온데 간데 없고

걱정에 잠 못 이루는 축산 농가
전에는 들어 보지도 못했던

구제역이라는 놈을
끝장낼 수만 있다면 지금도 늦지 않았다

구제역 바로 알고 잡아낼 수 있다면
몇 날 밤 촛불 밝혀 온 몸으로 온몸으로
서 있을 수 있다

폭염 특보

송골송골 땀 맺혀가며
옥수수 수확을 한다

딩동 문자가 왔다
날씨가 너무 더우니
야외에서 절대 일하지 마세요
아들이다

그날 밤
9시 뉴스에서도
전국에 무더위 폭염 특보가 내렸으니
노약자는 야외활동을 하지 말란다

이렇게 나에게 특보를 알려주는
아들이 있지만
그렇지 못한 아버지들에게는
미안합니다

산골 종갓집

모처럼 시골 큰집에 왔다
입춘이 지난 봄이지만
산골 마을에는 군불을 때야
구들장 아랫목이 따뜻하다

안온한 밤
삭정이 타는 냄새가
매캐하더니 향긋하다
굴뚝으로 피어오른 연기는
바람 부는 대로 일렁이다가
고샅을 지나 뒷산으로 날아간다

불꽃은 따닥거리고
부뚜막 가마솥에는
맹물이 달싹거리며 눈물을 흘린다

모처럼 아궁이 앞에 앉아
부지깽이로
옛날이야기 긁어 모은다

3부

그리움

착각

손닿을 만큼의 거리를 두고
손자 웅진이는 육학년까지
우리 집에서 살았다
언제부턴가
제 애비가 해주었다고
폰을 들고 다닌다
폰 속에 단축번호는 할애비인 내가
1번인 줄 알았다
그러나 1번은 제 아범이었다
2번일까
2번은 제 어미였다
3번이겠지?
아니었다 제 할머니였다
4번도 5번도 아닌 6번이었다
그래도 반가웠다
가슴을 쓸어내린다
착각은 자유라지만
짝사랑은 언제나 아픔인 것을

고목

고목 같은 할머니를 끌어안고
미소 짓는다
곱게도 늙으셨네
예배당에도 잘 나와
떨며 기도하는 손
걱정 말라며 꼬옥 잡아주고 싶다

내가 출석하는 시골 교회 주보에는
미·인·대·칭이라 씌어 있다
미소 짓고 인사하고
대화하고 칭찬하자
갑자기 그 말이 생각났는지
할머니 성도는 살며시
미소 지은 손 내밀며
앞장을 선다

후회

어머니도 없이
가을 들녘에 벼가 익어간다

고개 숙인 통통한 수숫대
가을 들판엔 고추잠자리
약빠른 참새
하늘을 난다

오래 전 나는 어머니께
힘들고 어려운 일은 물리시라고
말하지 못했다
그렇게 해야 사는 것이어서

냇가에 주저앉아 돌멩이 던지며
자주 앞산을 울리고
나도 울었다

어머니 추모 20주년

그렇게 허무하게 가실 줄이야
땅을 치며 통곡하던 때가
아직도 눈앞에 어른거리는데
이제는
칼바람 치는 겨울이
스무 번이나 지나갔습니다

시간의 흐름과 더불어
어머니 봉분도 일그러지고
그리도 아프던 가슴도
한 폭의 회색빛 점으로 흐려만 갑니다

떠나시던 날 쓰라린 통증은
먼 하늘로
희미해지고
어머니 영정사진 앞에서
드시다 말고 그냥 떠나신
감을 깨물며
그렇게도 어려웠던 생을 돌아봅니다

고백

눈이 오면
왜 괜히 울적해질까
누구인가 그리운 사람이
올 것만 같은

사랑하는 여인에게
사랑해!
처음 고백한 말들은
하늘로 올라갔는지

그 말들이 쌓여서
구름이 되고
무거워서
눈이 되었나

수줍은 첫 고백들이
온통
세상으로 내려와
눈부시다

누나야

스무 살 철부지 나이에
입 하나 덜겠다고
어린 두 동생 떼어놓고
시월 따가운 햇살 뒤로
가마 타고 시집간 누나야

논마지기 반인가 두 마지기이인가
고만 재산 가지고 알뜰히 일구어
층층시하 외며느리 한 지아비 아내로
오남매 어머니로
모진 시집살이 용케도 참아낸
보름달 같은 누나야

논두렁 밭두렁 뛰어 다니다가도
마을 애경사 때는 앞치마 두르고
제일 먼저 달려가는 부녀회장 삼십년 차
참나무 장작 같은 누나야

못난 동생 회갑 출판기념회 하던 날
고생 많았다고 등 두드리며
목걸이 걸어주던 누나야

모든 동생들을
반짝이는 별로 만든 자랑스런 누나야

혼란

이렇게 마음이
혼란스러운 날은
하던 일 접어두고
떠나고 싶다
솔잎 수북이 쌓인 산길이나
모두 떠나버린
파도가 철썩이는 바닷가나
어디서든지
달콤한 커피 잔
두 손으로 마주잡고
내 마음을 달래고 싶다

그리움

눈꽃 사이로
피어나던 노오란 개나리꽃
수줍은 그녀처럼
살포시 진달래가 피고
앞산의 뻐꾸기
봄을 알리면
사내아이들은
족대 들고 개울가에서
물고기 쫓아 뛰고
계집아이들 바구니에는
쑥이랑 냉이랑
봄꽃이 피어난다.
초저녁 연기 같은 그리움이
피어오르는 밤
깔깔대던 웃음소리
아직도 귓가에서 맴돈다.

첫사랑

이른 봄
앞산의 진달래처럼
수줍어했었지

여름날 피어나는
장미처럼 화사했지

가을 강가에 피어있는
들국화처럼 그윽한 향기였지

겨울에 피어난
눈꽃처럼
순결했었지

보고 싶은 사람

그때 말했지
네가 나를 보면
마음이 가벼워진다고

그건 아니다
오히려 너를 보면
내 마음이 가벼워져서
손잡고 어딘가 거닐고 싶다

네 마음이 따뜻하니까
나도 그러하고
눈을 감아도
난 너를 닮고 싶다

그런 너와 한 지붕 아래
살고 싶어
오늘은 더욱
보고 싶은 사람이다

고희

주님, 새천년이 온 지도
어느새 12년이 지나갑니다

수많은 문제들이
주마등처럼 펼쳐지고
고된 등허리를 휘감는
그 많은 고비들을
어떻게 넘겼을까요?

주님이 오르셨던 그 언덕에 비교할 수는 없지만
제가 넘었던 언덕들
그 골고다의 언덕을 넘어오는 순간마다
힘들어 양손 벌렸던
그 빈 몸짓으로
칠십년 고희를 맞이합니다

직분을 사양했던 잘못된 겸손도
주님 앞에 내려놓습니다
당신의 나라를 이 땅에서 넓혀나가는
거름이 될 수만 있다면

70년의 세월로는
끝마치기 싫어 눈물이 납니다

주님,
당신 앞에 설 날을 생각하니
하루하루 값지고
보람되게 살고 싶습니다

인생 이모작

나이가 드니
새벽 일찍 잠이 깬다
아침 5시, 날씨가 차다
강원도 산간지방에 눈이 내린다는 일기예보를 들으며
노년의 즐거운 인생 이모작을
보람되고 편안하게 살고 싶다는 생각을 한다

곱게 잘 늙어가려면 어떻게 살아야 할까?
내 삶의 자리를 돌아보고 잘 마무리해야 한다
품위 있게 죽음을 맞이하는 방법도 연구해야 한다

남은 인생 해보고 싶은 일과 소원도 많다
건강관리 잘해서 자식들에게 짐이 되지 않아야 한다
가족들과 이별여행도 가고 싶다
동해바다 어딘가 한적한 곳으로
지금까지 크고 작은 일로 고맙고 감사했던 사람들과
나를 여기까지 있게 해주신 사랑하는 사람들과
한번쯤 정담을 나누고 싶다

너무 오래 살지 말고

우리나라 평균 수명만 살고
가정을 위해서는
아내보다 내가 먼저
하늘나라 가야지

새벽 빈속에는 커피가 좋지 않다는데
프림을 타지 않은 따뜻한 원두커피를 마신다
인생 이모작을 설계하는
오늘 새벽시간은
커피잔보다 더 가슴 따뜻하게
담아두기로 했다

기다림

오늘은 왠지
그가 오려나 하고
기다려진다

그가 들고 올
과일 바구니 때문일까

배가 고프지 않은데
그를 기다리는 것은
정을 나누는
대화가 그리워서다

향수

행복이란
크고 많은 것에서보다는
작은 것에서 온다는 것을

초가삼간 오막살이에서도
행복의 향기가
솔솔 나는 것을

정답게 미소 지으며
따뜻하고 살뜰한 정을 나누는
차 한 잔의 향기에
나를 아는 삶의 이야기가
들어있기 때문입니다

사촌누이

정월 대보름이 지난 열이레
예산군 대흥면 대야리
땅 많은 부자라고 중매쟁이 말만 믿고
잘 생긴 남자 반남 박씨 따라 시집간 누이

땅은 한 평도 없고 일찍이 남편과 사별 후
보따리 장수며 논밭 궂은 일 밤낮 가리지 않고
눈물과 정성으로 이남 삼녀 반듯이 키우려
청춘을 바친 누이

허약한 몸으로 손자 손녀 돌보며
잘 본 며느리 열 딸 부럽지 않다고
큰 소리 치며 효도 받는 누이

못 배운 것 한이 되어 이순이 지난 나이에
주부대학 실버대학 농협대학
사각모자 가운 입고 졸업사진 찍던 날
해맑은 미소로 자손들 가슴을
따뜻하게 만든 박사 누이

어른 공경 잘하고 한 지아비 아내로
마을 일이나 교회 일도 내일 같이 도와 가며
솔선수범 하며 효부상 공로상 제패할 누이
못난 동생 회갑 출판 기념회 하던 날
축하한다고 고희 바라보는 나이에
한복 곱게 차려입고 너울너울 춤을 추는
노랑나비 박사표 누이

어머니

어머님과 사별한 지도 강산이 두 번 변하고
더 지났습니다
이순을 지나 고희를 바라보는데도
더 보고 싶습니다

아직도 어머니 보시기에는 어설픈 삶을 살고 있습니다
이런데도
내가 사는 것을 좀 더 보지 않으시고 가셨습니까?
어머니,
저는 지금껏 배운 그 어떤 교훈보다도
더 진실한 삶을 어머니께 배웠습니다

진실로 믿으라
밝고 긍정적으로 살아야한다
누군가 나에게 물으면 존경하는 인물은
내 어머니 백금연 여사라고 말할 것입니다
어머니의 삶 자체가 살아있는 성인이었으니까요

그날 이후 거리에서 어머니와 비슷한 연세의 어른만 봐도
가슴이 메고 그리움에 몸서리를 칩니다

어머니 뜻을 항상 잊지 않고 살겠습니다
어머니 참으로 보고 싶습니다
그때도, 지금도, 아직도 하지 못한 말
어머니 사랑했습니다

예순아홉

이제는 지나온
발자국을 돌아보아야 한다
신고 온 신발을 보듬어 보며
걸음걸이를 조절할 때다

지금은 내가 살아온 지난날들을
돌아보아야 한다
살아온 내 방식도 다시 쓸어보고
가늠해 보아야할 때다

예순아홉 마지막 남은 자존심도
주님을 향한 십자가
어떤 미동에도
흔들려서는 안된다

지금까지의 나의 삶이
축제였듯
남은 생도
여유로운 축제가 되었으면 좋겠다

내가 살던 이야기

엄니의 팔과 다리가
세월의 흔적에 몽땅 일그러져
거동하기조차 어렵던 세월

몇 년 더 살지도 못하면서
백년을 살 것 같이
일만 하시던 엄니

입으로는 쉬시라고 했지만
당장 용돈 한 푼 드릴 수 없는
세월을 삭이며
자식에게 상처만 남긴
가슴쓰린 이야기입니다

어머니의 유언

건강하게 평생 살다
저녁 잘 먹고 자는 듯이 가야 할 텐데
네 아버지 제사 나는 날 밤11시,
그러면 네 아버지와 제사도 같은 날이라
일 년에 한 번만 제사 지내도 되겠지

짧은 삼일이라 너희들 고생도 덜하고
초상 치르는 비용도 덜 들것지

수의하고 남은 삼베 몇 자
그것으로 건 두 장 접어서
한 장은 네 동생 씌워주고
오신 손님 대접 잘하고

제사는 안 지내도 되지만
자손들 모이면
그냥 밥은 해 먹어야지
음식은 차리지 말고
네가 좋아하는 예수식으로
기도나 하거라
찬송가도 불러야지

눈물

눈이 깔깔하고 아파서 안과에 갔더니
수시로 넣으라고 인공눈물을 줍니다

예전에는 힘들고 어려워서 울었는데
지금은 행복해서 울고
귀염둥이 손자 재롱 보며 울고
천사표 며느리와 아들 효도 받으며 감격해서 웁니다

그래도 눈이 깔깔하고 아프니
어려운 세월 살다 하늘나라 가신 어머니 생각하며
이 불효자는 자주 울어야 합니다

생명 있음에 감사하고
지금 내 곁에 있는, 사랑하는 이들 생각하며
수시로 울어야 합니다

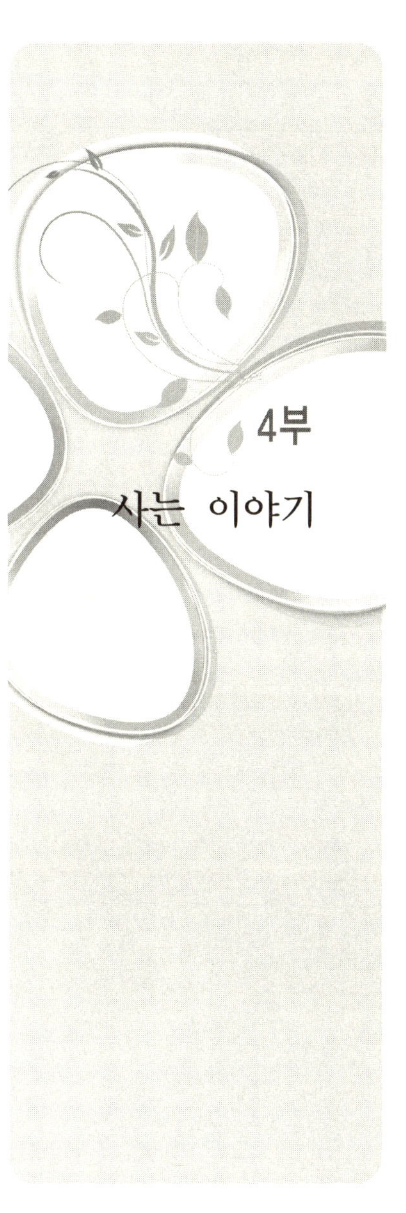

4부

사는 이야기

오월 스무 사흘 날

동짓달 초엿새 날은
내 생일
동짓달 열엿새 날은
아버지 생일
오월 스무 사흘 날은
어머니 생일

달마다
하고 싶은 말은 많은데
하지 못하고
마음속 탑만 쌓는다

이리 보나
저리 보나
오월 스무 사흘 날은
되돌릴 수 없고
허물지도 못하는
볼품없는 돌탑 같다

문막 초등학교

아직도 풍금소리 들리는 듯
학교종이 땡땡땡
까까머리들이 노래를 부른다
6.25 한국전쟁으로
피난 갔다 오니
학교는 모두 불타버렸지
문막강 미루나무 숲에서
칠판도 없이
가갸 거겨
한글을 익히고
가슴엔
후일 꺼내볼 알싸한 그리움만 쌓았다
인생이란 덧없는 것인가
난 어느새 고희의 나이
산다는 게 잠깐이다

감사

작은 추억들의 행복도
모으고 모아서
때마다
감사하게 하소서
꽃이 피고 새가 우는
오늘의 시간들을
누구도 건드리지 못하게 하시고
사랑하는 사람들의 곁에서
살아 있음의 넘치는 감사로
오늘을 노래하게 하소서

축 입대

평소 아끼고 사랑하던 후배가
늦은 나이에 결혼하더니
10년 만에 기다리던 옥동자를 보았습니다.
세월이 흘러
지난해는 바라던 대학에 입학했다고
좋아하더니
바로 오늘 문자가 왔습니다

형님!
오랜만에 소식 전해요
무탈하게 잘 계시지요?
봄바람은 살짝살짝 불어오는데
오늘 우리 아들이 군대 가요
12시에 논산 훈련소에
태워다 주려고요
임무 충실하게 잘하고 오라고
형님도 격려해주세요
다른 사람보다 형님은
더 진심으로
빌어 줄 거라 믿거든요

내말이 맞지요?

그래 기도해야지
누구의 기도가 자기 아빠만 하겠냐만
지금 나는
내 자식을 군대 보낼 때의
시간으로 돌아가
가슴이 찡 하구나

민형아,
희망과 용기로
청춘마당의 꿈을
마음껏 누리려무나
하늘과 땅이
모두 네 것인 것처럼
전역하는 그날까지
몸도 마음도 건강하게

내가 사는 이야기 1

30여 년 동안 직장 생활을 마치고 정년퇴직을 한 지 10년째, 지나간 수십 년을 돌이켜보면 반복되는 무료함에 전직을 생각해 본 적도 있고, 낡은 집을 고쳐짓고 다듬고 가꾸어 이사도 하고 집터를 사서 새 집을 짓고 이사하던 날 뿌듯한 성취감을 맛보며 보람을 찾기도 했었다. 그 긴 세월 동안 두 아들이 태어나고 잘 성장하여 행복한 가정을 꾸리고 사는 것은 모두 흘러만 버릴 것 같았던 세월의 작은 결실 중의 하나다.

3년 전부터는 고향땅에 와서 해보지도 않은 농사일을 소일거리로 채소며 곡식을 심고 가꾼다. 어머니 뱃속에서부터 배운 것인지 여름날 김을 매고 땀을 흠뻑 흘리고 나면 또 다시 새로운 힘이 솟는 것 같은 작은 성취감을 맛본다. 오늘도 미래의 삶을 후회 없이 가꾸기 위해 하루하루 최선을 다하는데 보답이라도 하듯 택배로 김치가 도착했다. 오이와 미나리를 넣고 풋고추를 듬성듬성 썰어 넣어 매콤새콤 하게 감칠맛나는 열무김치를 며느리가 담아 보냈다.

참 복도 많지, 언젠가 먹어 본 듯한 '꼭 너의 시할머니 김치 맛이구나' 목이 메어 그때가 아른거린다. 진정하느라 한참을 뜸들이다 며느리에게 '맛있게 잘 먹었다.' 칭찬전화라도 해주고 싶지만 더 가져오라는 말 같아서 그냥 참기로 했다. 바쁜 며느리의 손을 더 힘들게 하고 싶지 않아서.

삶이 힘들다지만 참 행복이 무엇인지를 알게 되는 듯하다. 생명 있음을 감사하는 하루였다.

내가 사는 이야기 2

핸드폰에 문자도 보내오고
전화도 자주 하더니
웬일인지
달포가 넘도록 소식이 없다

요것들 봐라
애비가 죽어도 모르겠네
혼자 중얼거리며
아들 단축번호를 힘주어 누른다

아들도 내 마음을 눈치 챘는지
조금은 긴장 한다
"네! 네! 아버지!
뭐 필요한 것 없으세요?"
"그래 필요한 것은 아무것도 없는데
아들 목소리가 필요해서"
하고 싶은 말들이 많다

행복하게 살아야 한다
건강하고 형제간에 화목해야지

신앙생활도 잘 해야지

아들도 나와
같은 생각이었으면.

가끔은

가끔은
큰소리로 웃어보자
가끔은 지난날의 추억을
되돌리며 울어도 보자

지금까지의 행복에 감사하며
세상에서 제일 큰소리로 웃어보자

가끔은 울어도 보자
바람이 살랑대는
언덕 위에서
그때는 그랬지 하며
가끔은 그 시절을 바라보자

추억

지우고 싶은 기억
더 정들게 하지 말자
그리고 싱글벙글 웃어보자
시간이 지나면
어떤 상처도 아무는 것을
그래서 시간은 고마운 거야
그래도 지워지지 않는 상처는
예쁘게 아물게 하자
그때는
이렇게 해야 하는 것을 몰랐었다

하얀 꽃

주일 낮 예배시간
칠십이 넘으신 고령의 천사표 권사님께서
성경봉독 순서에 따라
강대상 앞으로 오르신다

검은 원피스
가만 가만 사뿐사뿐
한쪽 어깨가 조금 기웃한 뒷모습

긴장된 표정 조금은 떨리는 음성으로
누가복음 10장 30~37절을 읽으신다
손을 모은다

예배를 마치고
성경봉독 은혜 받았다는 나의 말에
권사님은 환한 얼굴로
그래요?
기도하며 준비하느라
어젯밤 잠도 못 잤어요
그랬구나!

하얀 밤 새워 준비한 기도는
사람이 가꾸는
하얀 꽃인 것을

달맞이 꽃

달밤에
자세히 보아라
참 예쁘다

세상이 노오랗도록
흔들리기도 하지만
언제나처럼 하늘을 보자

가벼이 흔들리는 꽃잎이
참 예쁘다
너도 그렇다

아내

화사한 봄날
옷 가게에 가서 날개를 단다

"당신은 무얼 입어도 잘 어울리거든.
나이보다 젊어 보여."
빈정거리는 말 같기도 하지만
그 말이 불란서 향수처럼 감미롭다

아내는 늙어서 철이 드는지
내가 웃는 모습도
눈가의 주름도 자연스럽단다

흰머리가 잘 어울린단다
괜한 말 같지만
내 어깨에 날개를 달아준다
마음은 하늘을 날고 있다

별

그때 생각하면
가슴 벅찬 설렘입니다
주고도 또 주는 나무처럼
지금은 빛나는 별입니다

그 어떤 신 앞에 선 것처럼
당신 앞에서는 옷깃을 여밉니다
지금도 웃고 있는 당신 앞에 서면
산천도 초목도 그냥 별이 됩니다

지난 기억 희미하지만
그래도 가슴에 떠오르는 별입니다
없는 중에 주는 기쁨도 알려주신
마음속 지워지지 않는
별, 별, 별입니다
사랑 합니다, 별의 세월을.

키

키가 자꾸 작아진다
이순이 지나니
젊었을 때 보다 삼사 센티 줄은 것 같다

오늘은 슬픈 날이다
아직 중학교 2학년 손자 녀석이
나보다 더 커버렸다
내 키가 작다는 것을 확인한 날이다

손자 녀석은
할애비보다 자기가 더 크다고 신났다
자꾸 내 앞을 얼쩡거린다
한 대 때려 주었다
맞으면서도 녀석은 웃는다
밉지가 않다
쑥쑥 크거라

아주 오래된 이야기

6.25 이듬해
나는 초등학생이었고
동생은
돌도 지나지 않았는데
아버지는
다시 못 오실 머나먼 곳으로 떠나셨다

해질 무렵 외삼촌께서
동생 암죽 쌀 석 되와
고구마 한 자루를 지고 오셨다
어머니는 긴 한숨을 토해 내시며
외삼촌보다 외숙모가
더 고마우신 분이라고 하셨다

그날 저녁
찬밥덩이를 고구마 찌는데 얹어
어머니는 고구마만 드시고
나는 물 말은 보리밥을
열무김치와 맛있게 먹었다

이 기억은 세월이 흘러도
평생 내 가슴에서
타고 또 타
까맣게 남아 지워지지 않는
아주 오래된 이야기다

손자와의 대화

맞벌이 하는 어미를 떠나
우리 집에서 자란 손자가 벌써 중학생이 되었다
고사리 손이 아닌 더 큰 손을 잡고
손자! 벌써 중학생이구나!
이제 삼년이 지나면
고등학생이 되고 또 삼년이 있으면 대학생
또 군대를 가고…

그때는 이 할아버지도
하늘나라 가야 하는데 어떻게 하지?
그러자 손자는
돌 지난 동생 이름을 대며
재진이 대학생 때까지 사셔야지요

그러면 내가 몸이 아파서
병원에 입원할지도 모르는데, 그때는 네가 간호할 거야?
아니지요, 그때는 아빠가 해야지요
왜?
손자는 꽃보다 아름다운 두 눈을 또롱또롱 굴리며

저는 공부 해야지요
그래도 그렇게 말하는 것이
하나도 서운하지 않다

하늘을 본다
그곳에서 손자의 두 눈이 웃고 있다
이젠 뜨겁게 더 많이 보듬어야지
시간이 총알처럼 가고 있으니

한가위 감사기도

장마 폭우 폭염
기승을 부리더니
언제 그랬나 싶게
황금 들녘엔
풍년을 손짓하는 추석입니다.

가족 친지들이 모여서
우리나라
추수감사 예배를 드렸습니다

식사시간,
풍성한 밥상엔
토란국도 있습니다
가족 대표 기도는,
세 돌이 갓 지난 어린이집 학생
커다란 눈망울이
진주보다 영롱한
반짝이는 눈을 가진
오재진입니다

기도 시작!
날마다 우리에게 양식을 주시는
은혜로우신 하나님 참 감사합니다
친구들아 맛있게 먹자
냠냠 꼭꼭
잘 먹겠습니다
재진이는 식사 기도송을 불렀습니다

가족들은 박수 치며 아멘!
하늘은 별빛으로 답하고
먼저 가신 조상님들은
촛불이 되어 춤을 춥니다

주님

지극히 높은 하늘보좌 버리시고
나사렛 동네 오시듯
가난하고 병든 자 깃든 더 낮은 곳으로 오셨으니
알콜, 마약중독자
온갖 병든 자
사랑 받지 못하는 그곳에
주님과 함께 나도 있게 하소서
버림받아 외롭고 험한 삶에
주의 빛 비추러 나도 가게 하시고
더 높은 곳의 평화와
능력을 힘입어 주님의 뜻
땅에서 이루게 하옵소서

남은 해를 보내며

벌써 2012년이 한 달 남았다
늘그막에 복이 있는지
과분한 호사로 한 해가 저물어간다

무엇보다 아이들과 아내가
건강하게 지냈고
가족들이 화목한 것이 좋다

아이들이 독립해서 살림을 나가니
함께 즐길 수 있는 시간과 일들이
점점 줄어가긴 하지만
그것 또한 부모로서 행복한 일이 아닌가

남은 한 달
또 어떤 일들이 나를 행복하게 할까
내년에도 행복 지수가 계속되었으면 좋겠다

행복 바이러스를 찾아 거리를 나선다
저만치서 내게 걸어오는 새해는 어떤 모습인지
마음을 설레게 한다

사촌 형수

그림 같은 하늘을 이고 치맛자락처럼 늘어진 고향에서 사촌 형수는 그 가슴에 선산을 안고 사십니다. 명절이나 집안 대소사가 있을 때는 고향 선산발치에 사시는 형수 댁에 들릅니다. “형수님, 저 왔습니다. 인사드리게 앉으세요.” 하면 “아닙니다. 아무리 나이가 어려도 시동생에게는 맞절을 해야지요.” 하시며 건강도 안 좋으신데 맞절을 하시며 젊은 나를 당황하게 합니다.

일본군 위안부에 안 끌려가려고 19세 꽃다운 나이에 가난한 오씨 집안 7대 종손부로 시집오셨지요. 그때는 다 그랬지만 남편 내조와 효심 지극한 7남매 반듯이 키워 모두 좋은 짝 만나 우애 있게 잘들 살지만 형수님의 고생은 너무 많았지요. 하지만 내색 한번 안 하시고 80이 넘은 연세에도 자손이나 친척들 전화번호와 집안 제사나 생일은 메모하지 않아도 잊지 않고 기억하시는 분입니다. 젊은 나이에 남편과 사별하시고 자식들 키우느라 고생하며 사신 이야기는 (노인들 다하는 말이지만) 팔자를 속이랴 연분을 속이랴 하시며 사촌형 만나 어려운 살림에 고생하신 신세타령도 하시고 딸이 많아서 맞선 볼 때마다 커피를 마셨더니 커피도 배우셨다는 형수님 “몸에 안 좋으니 하루에 세잔 이상 마시지 마세요.” 하면 “늙은이가 나쁘면 얼마나 나쁘겠어요. 이제 다 살았는데…” 하시는 형수님은 정치 경제 뿐 아니라

월드 뉴스까지 잘 소화하십니다. TV뉴스에서 정치인이나 높은 사람들이 잘못되어 끌려가는 것을 보시면 혀를 차시고 "큰 도둑질은 배운 놈들이 다 해 처먹는 구먼. 우리 같은 사람들이야 뭘 알아야지." 하시고 정치인들이 국회에서 주먹을 휘두르고 싸우는 것을 보고 "아유, 저것 좀 보세유, 국회의원들이 저리 싸우면 백성들은 누굴 믿고 산 대유." 하며 국정까지도 염려하시는 형수님은 아직도 정신 연령은 50대 초반입니다. 새댁 때는 천자문과 명심보감까지 떼시고, 시아버지와 동네 아이들 천자문을 가르치셨다는 교양 많으신 형수님, 미워하고 사랑하고 웃고 울며 TV 아침마당 '그 사람이 보고 싶다'를 시청하시며 먼저 보낸 큰아들 생각하고 눈물짓는 모습은 나의 어머니께서 사신 그런 삶을 사는 것 같아 그런지 형수와 나는 나이를 넘어 대화가 잘됩니다. 요즘말로 죽이 잘 맞는다고 할까요.

"형수님! 이제 머지않은 날에 하늘나라 가실 터인데 교회 나가시고 예수 믿으셔야지요. 그래야 천국에 가실 수 있습니다." 하면 "숭맥이 뭘 알아야 예수 믿지요. 숭맥은 하나님도 봐주신다면서요." 하시며 말꼬리도 예쁘게 감추시는 형수님. 쌓인 눈이 녹고 봄이 오면 부모님 산소가 있는 선산 그 아래 지금은 혼자 집을 지키고 계신 형수님의 밭일도 도와 드릴 겸 그곳에 자주 갑니다. 전화를 합니다. "형수님, 저 오늘 통근차 타고 등곡리 그곳에 갑니다. 커피 사가지고 갈까요? 아니면 뭐 필요한 것 있으면 말씀 하세요." 하면 "돈 없는데 그냥 오세요." 하십니다. 음식 솜씨도 뛰어나신 형수님은 내가 좋아하는 된장찌개를 잘 끓이십니다. 아마도 도착하는 시간에 맞추어 끓여 놓으시고 기다리고 계시겠지요.

형수님! 건강하게 오래오래 그곳에서 사셔야 됩니다.

◆ 작품해설 ◆

생활시에 담은 성심과 행복의 함수

– 오희용 시인의 시세계

문학평론가 **리 헌 석**
(사) 문학사랑협의회 이사장

1. 오희용 시인에 대하여

오희용 시인은 1943년에 강원도 원주시 문막읍 출생이다. 그의 부친은 충북 청주시 현도면 출신인데, 일본에 징용(?)으로 끌려갔다가 귀국한 후, 지인의 소개로 원주에 정착하였다고 한다.

그의 나이 11세, 부친은 54세로 작고한다. 그래서 시인은 문막초등학교 4학년 때 신탄진초등학교로 전학한다. 대전광역시 대덕구 신탄진은 부친의 고모가 사는 곳이고, 부친의 고향과도 인접한 곳이어서 정착한 듯하다. 이때부터 그는 어머니와 함께 생활 전선에 나선다. 이런 까닭으로 그의 작품에는 어머니에 대한 곡진한 사랑과 절절한 그리움이 넘치는 것 같다.

3명의 형들이 어려서 사망하여, 넷째 아들인 그가 장남 역할을 해야 하였기 때문에 모든 조건을 운명으로 수용하고 성실하게 생활한다. 어머니의 바르고 양심적인 생활 교육 덕분에 이웃 사람들로부터 선한 사람으로 인정을 받기에 이르고, 그로 인해 고마운 분들의 천거로 몇몇 직장 생활을 영예롭게 마친다.

일에만 성심을 다하던 그가 자신을 위해 스스로 선택한 일이 시를 창작하는 일이다. 한남대학교 평생교육원에서 1년간 문예창작 공부를 한다. 이를 계기로 2003년에는 시집 『박꽃』을 발간하게 되고, 이 시집의 표제에서 그는 '지금도 어머니는 내 마음의 고향입니다'라고 고백한다. 그의 모친은 아래 작품처럼, 시인에게 생활의 진정성을 전수하고, 1988년에 작고하였는데, 오랜 세월이 지나도록 그리움이 절실하다.

> 장독대 항아리
> 어머니 닦고 또 닦으신다.
> 거동하기 어려운
> 팔순 나이에도
> 어머니 하얀 새벽을
> 빨고 또 빨아서
> 반짝 반짝 열어 놓으신다.
> 크고 작은
> 깨어져 빈 항아리까지도
>
> —「장독대」 일부

첫 시집을 발간하던 때가 그의 회갑(回甲) 해였고, 그래서인지 서문에 〈산다는 것은/ 나의 향기 세상에 남기고/ 하늘에 감사하는 마음으로/ 자연스럽게/ 늙어갈 줄 아는 것이다.〉라고 간략하게 정리한다. 이 책 『박꽃』은 시 47편, 수필 26편, 그리고 생활 속에서 찾아낸 글과 사진을 수록하여 '회갑 기념 문집'의 성격을 띤다.

그는 첫 시집에 있는 시를 퇴고하여 『문학사랑』 2004년 봄호 신인작품상 시 부문에 응모하여 「바람 부는 날」 「산다는 것은」 「박꽃」 「상속세」 「안개 낀 날」 등 5작품이 당선하여 등단한다. 당선소감에서 그는 〈어린 날은 뭉게구름을 따라 무작정 걷기도 했다. 기차 여행을 하며 산과 들을 지날 때마다 나 혼자만의 시를 쓰며 꽃이 되고 별이 되기도 했다.〉고 밝힌다. 생활에 얽매어 있던 그의 영혼이 새롭게 거듭나는 계기가 되고, 그로 인해 자신만의 작품을 빚는다. 심사위원들은 그의 작품을 이렇게 평가하였다. 〈어머니에 대한 그리움을 노래한 시집 『박꽃』과 함께 응모한 작품을 읽으면서 보기 드문 효심을 엿볼 수 있다. 효성이 지극하더라도 작품으로 승화시켜 예술로 거듭난다는 것은 쉬운 일이 아니다. 그러한 어려움을 극복하고 감동적으로 빚은 작품을 만나게 되어 반가웠음을 밝힌다.〉

이렇듯이 작품의 중심 제재는 '어머니'였고, 그러한 주제를 살려내는 서정의 힘으로 새로운 공감대를 형성한다. 그런 그가 고희(古稀)를 맞아 10여 년 동안 창작한 작품을 모아 두 번째 시집을 발간한다. 70여 편에 담겨진 시인의 서정과 지향을 독자보다 먼저 감상하고, 간략하게 정리하고자 한다.

2. 서정과 지향에 대하여

오희용 시인은 순순한 시심으로 대상을 노래한다. 주지적이고 현학적인 수사학보다는 사물에 대한 직관적 사고와 정서를 형상화한다.

그로 인해 시인과 가까운 사물에서 비롯하여 좀 더 너른 세계로 시선이 확장된다. 가장 가까운 제재(題材)가 삶에 대한 진지한 성찰이다.

그 첫 단계가 자신에 대한 진솔함이다.

이순을 지난 아이
소변을 보며 거울을 본다.

수줍은 얼굴
나이를 넘으려 주름을 펴보지만

남은 세월
멀어지는 추억

사는 것이 고생이라지만
무슨 생이 이리 빠른가

얼마나 더 살 수 있을까
아직도 마음은 이십년 연하인데.

—「거울」 전문

이순(耳順)을 지나 고희(古稀)로 향하는 시기의 내면적 반향(反響)이 진솔하다. 나이에 맞게 주름살이 깊어지는 얼굴을 보면서, 그 주름살을 펴고 싶은 마음을 그려내고 있다. 또한 남은

생(세월)이 길지 않다는 생각에 절망할 수도 있으나, 그는 스스로 젊게 사는 방법을 터득한 듯하다. 그와 함께 추억마저 흐려지는 세월을 실감하며 인생무상에 젖기도 한다. 〈얼마나 더 살 수 있을까?〉라는 자문(自問)을 하면서도 마음은 20년쯤 젊은 것으로 느끼며 살아간다. 이것이 바로 노년기의 진솔한 서정이다.

이 작품은 일상의 해프닝에서 출발하여 삶의 깊이를 담아낸다. 특별히 형이상학적인 용어를 활용하지 않으면서도 노년기에 이른 자신의 삶을 분명하게 그려내고 있다. 세월의 무게를 깨달은 그는 문득문득 어머니 생각에 목이 멘다. 「어머니 추모 20주년」에서 어머니의 별세 당시를 추억한다. 〈땅을 치며 통곡하던 때가/ 아직도 눈앞에 어른〉거린다고 한다. 그러나 〈시간의 흐름과 더불어/ 어머니 봉분도 일그러지고/ 그리도 아프던 가슴도/ 한 폭의 회색빛 점〉으로 흐릿해진다. 〈떠나시던 날 쓰라린 통증은/ 칼바람과 먼 하늘로/ 희미해〉지고, 그것이 안타까워서 어머니 영정 앞에 자주 서게 된다. 그러나 먼저 떠나신 어머니는 오늘까지도 서정적 울림으로 눈물겹게 다가와 한 편의 작품으로 승화된다.

어머니도 없이
가을 들녘에 벼가 익어간다.

고개 숙인 통통한 수숫대
가을 들판엔 고추잠자리
약빠른 참새가
하늘을 난다.

오래 전 나는 어머니께
힘들고 어려운 일은 물리시라고
말하지 못했다
그렇게 해야 사는 것이어서
냇가에 주저앉아 돌멩이 던지며
자주 앞산을 울리고
나도 울었다.

—「후회」 전문

오희용 시인이 노래한 〈어머니도 없이/ 가을 들녘에 벼가 익어간다.〉는 중국의 당나라 시인 두보가 지은 춘망(春望)을 연상하게 한다. 당나라 수도였던 장안(長安)이 안록산에게 함락된 후 쓴 오언율시 「춘망(春望)」의 서두에서 두보는 〈나라는 망해도 산하는 그대로 있고, 성(城)에는 봄이 와 초목이 짙도다(國破山河在 城春草木深)〉라고 하였는데, 두 작품의 정서가 동질적이다. 나라가 망해서 슬픈데, 초목이 푸르게 살아 있어 한탄스러운 두보의 작품이나, 어머니를 여의어서 슬픈데, 가을 들녘의 벼는 무심하게 풍년이 들어간 오희용 시인이 슬픈 정서가 그러하다.

특히 〈냇가에 주저앉아 돌멩이 던지며/ 자주 앞산을 울리고/ 나도 울었다.〉에서 시인의 애절한 그리움을 만난다. 그는 어머니가 그리울 때마다 냇가를 찾은 듯하다. 앞산에 어머니를 모셨는지 확인할 길은 없지만, 어머니가 그리워서 소리 내어 울다 보면, 시인 자신만 우는 것이 아니라, 건너편의 앞산도 함께 우는 것과 같은 느낌을 받는다. 실제 상황에서야 시인 혼자 우는 것이겠지만, 그 울음에 의하여 산도 함께 우는 것으로 감정이입

(感情移入)이 된다. 이러한 시를 창작할 수 있는 것은 어머니에 대한 순수하고 절절한 그리움 때문이다.

어머니를 향한 그리움은 누나로 열린다. 그 누나는 〈스무 살 철부지 나이에/ 입 하나 덜겠다고/ 어린 두 동생 떼어놓고/ 시월, 따가운 햇살 뒤로/ 가마 타고〉 시집을 간 사람이다. 가난을 피해 시집을 갔지만, 운명이었을까, 시집 역시 가난하여 만난(萬難)을 극복하고 집안을 일군 누나다. 시인이 회갑 기념 첫 시집을 발간하였을 때에 목걸이를 걸어주며 축하하던 누나이기도 하다. 어머니와 누나로 연계된 그리움은 다시 어린 시절의 추억을 재생시킨다.

눈꽃 사이로
피어나던 노오란 개나리꽃
수줍은 그녀처럼
살포시 진달래가 피고
앞산의 뻐꾸기
봄을 알리면
사내아이들은
족대 들고 개울가에서
물고기 쫓아 뛰고
계집아이들 바구니에는
쑥이랑 냉이랑
봄꽃이 피어난다.
초저녁 연기 같은 그리움이
피어오르는 밤
깔깔대던 웃음소리가
아직도 귓가에서 맴돈다.

—「그리움」 전문

어린 시절에 체험한 고향의 추억을 사실적으로 묘사하여 잔잔한 감동을 준다. 이와 같은 정서를 노래한 작품이 「문막초등학교」이다. 60년이 지난 세월에도 잊혀지지 않고, 더욱 새롭게 가슴에 물결을 만드는 추억을 노래한다. 〈아직도 풍금소리 들리는 듯/ 학교종이 땡땡땡/ 까까머리들이 노래를 부른다.〉 〈6.25 한국전쟁으로/ 피난 갔다 오니/ 학교는 모두 불타버렸지.〉 〈문막강 미루나무 숲에서/ 칠판도 없이/ 가갸 거겨/ 한글을 익히고/ 가슴엔/ 후일 꺼내볼 알싸한 그리움만 쌓았다.〉 등에서 보여주는 정서는 개인적인 것이면서 나라의 운명을 위태롭게 했던 동족상잔(同族相殘)의 아픈 역사를 증명하기도 한다.

이러한 추억들로 눈물을 짓는 시인이지만, 그는 추억이 있어서 행복하다고 한다. 고희(古稀)에 이르는 동안 그가 겪었을 희로애락(喜怒哀樂)을 어찌 필설로 다하겠는가만, 그의 가슴에 사금처럼 빛나는 추억이 있기에 시를 빚을 수 있는 것이다.

어려움을 극복한 사람은 긍정적인 시심을 간직하게 된다. 오희용 시인도 그러하다. 「감사」에서 〈작은 추억들의 행복도/ 모으고 모아서/ 때마다/ 감사하게 하소서.〉 〈사랑하는 사람들의 곁에서/ 살아 있음의 넘치는 감사로/ 오늘을 노래하게 하소서.〉라고 노래한 상황은 〈꽃이 피고 새가 우는/ 오늘의 시간들〉이다. 시인과 오늘을 함께 살아가는 가장 가까운 사람은 아내일 터이다. 아내와의 생활 이야기도 작품으로 승화된다.

화사한 봄날
옷 가게에 가서 날개를 단다.

“당신은 무얼 입어도 잘 어울리거든
나이보다 젊어 보여.”
빈정거리는 말 같기도 하지만
그 말이 불란서 향수처럼 감미롭다.

아내는 늙어서 철이 드는지
내가 웃는 모습도
눈가의 주름도 자연스럽단다.
흰머리가 잘 어울린단다.

괜한 말 같지만
내 어깨에 날개를 달아준다.
마음은 하늘을 날고 있다.

—「아내」 전문

반세기(半世紀)를 같이 살다 보면, 눈빛만으로도 마음을 읽어내게 마련이다. 긴 세월을 동고동락(同苦同樂)한 부부는 이심전심(以心傳心)의 동반자이기 때문이다. 오희용 시인은 생활 속의 자잘한 소재를 통하여 서로 신뢰할 수 있는 관계를 노래한다. 서로 아끼고 사랑하는 순수한 사랑을 자연스럽게 추구한다. 시인 부부는 사랑 안에서 행복한 가정을 영위하였을 터이다. 가난은 대를 물리기도 하지만, 성심을 다하는 사람에게는 극복의 대상일 뿐이어서, 그 부부는 만난(萬難)을 극복하고 사랑의 둥지를 가꾼다. 이렇게 찾아낸 안정된 생활, 여유 있는 생활 속에서 자녀들을 양육하여 모범 가정을 이룬다.

시인은 며느리와도 문자를 주고받으며 딸과 같은 관계를 유지한다고 한다. 이렇게 살아가는 바탕은 기독교 정신인 것 같다. 그는 성경에서 읽은 〈주는 것이 받는 것보다 복이 있다〉는 구절을 평생의 지표로 삼아 왔다고 말한다. 가족은 물론, 이웃에게도 이 말씀이 적용되어 가족 친지들의 사랑과 존경을 받으며 고희(古稀)를 맞는다.

3. 아름다운 시심에 대하여

작지만 서로 나누는 일에 최선을 다하는 것이 오희용 시인의 일상이다. 그로 인해 마음의 평화를 얻기도 하고, 같이 살아가는 사람들과 행복을 공유한다. 그 가운데에서 아름다운 시를 빚기 위해 기도한다. 〈새벽 4시/ 세수를 하고/ 기도하는 마음으로/ 머리를 동여매고/ 끙끙 앓는〉 것은 「시 짓기」의 과정이다. 그는 〈가슴 아린 눈물〉로 시를 쓴다. 〈입에선 단내가 나도/ 추억을 녹여 시〉를 짓는다. 작품이 완성되면, 새벽별을 보면서도 희열을 느낀다. 이것이 그가 시 창작을 하는 자세다.

이처럼 추억과 아픔을 녹여 시를 빚지만, 내면의 깊은 곳에는 너그러움과 사랑이 충만하다. 사람에 대한 신뢰, 신앙에 의한 경외심, 그리고 자연에 순응하며 조화로운 삶을 영위하고자 소망하고 노력한다.

17층 아파트에는 사람만 살지 않고
새가 둥지를 틀고 알을 품습니다
그래서 새가 날아드는 둥지로
하늘이 내려오고 구름도 쉬어갑니다

멀리 계룡산이 보이고

가까이 계족산 봉우리가 손짓을 합니다
그래서 우리는 자연과 가까운 하나입니다

새의 날개가 소식을 물어오는 집
그 집에는 효자 내외와
말 잘 듣는 손자손녀도 함께 삽니다

그들은 날마다 서로에게
건강하고 행복하길 바라며
춥지만 따뜻한 겨울을 만들어 갑니다

—「고층 아파트」 전문

덧 설명이 필요하지 않을 만큼 쉽고 간결한 작품에 따뜻하고 아름다운 시심을 담고 있다. 〈춥지만 따뜻한 겨울을 만들어〉 가는 생활은 모든 사람의 소망일 터, 이러한 마음이 그를 시인다운 시인으로 거듭나게 한다. 그는 〈무릎 꿇고/ 두 손〉을 모아 「기도」를 한다. 〈알게 모르게/ 겁도 없이/ 덜컥덜컥 지은 죄〉를 고백하며, 〈진실의 무릎〉을 꿇고 기도를 한다.

기도와 함께 험난한 세상에서 스스로 지탱하는 힘은 사랑이다. 그 사랑은 영악하고 현명한 현대 젊은이들이 추구하는 디지털화된 사랑이 아니다. 조금 손해 보는 듯하지만, 마음을 나누며 살아가는 아나로그적인 사랑이다. 도시의 화려한 불빛이 아니라, 맑고 정갈한 시골의 바람이다.

사랑은
등곡리
하봉산 입구 낮은 언덕
어머니 산소 옆에 있는

팽나무 그늘의 시원함이다.

사랑은
그 그늘 아래 누워 바라보는
하늘의 새털구름 같은
아늑함이다.

옹달샘
조롱박으로
떠 마시는 물 냄새다.

—「사랑은」 전문

오희용 시인의 '사랑'은 어머니의 산소가 있어 자주 가는 등곡리 하봉산 입구 낮은 언덕에 서 있는 팽나무의 그늘에서 느낀 청량(淸凉)함이다. 그 팽나무 그늘에 누워 떠다니는 구름을 바라보면서 느끼는 유유자적(悠悠自適)이다. 또한 어머니 산소가 있는 하봉산 기슭의 옹달샘 물을 조롱박으로 떠먹는 담결(淡潔)함이다.

이를 바탕으로 유추할 때, 오희용 시인은 순수하고 정갈한 시심을 가꾸기 위해 성심성력(誠心誠力)을 다하리라 확신하게 한다. 앞으로도 그는 생활에서 비롯한 제재에 사랑과 기도의 옷을 입히는 일에 최선을 다할 것 같다. 그리하여 올이 곧고 아름다운 시심을 가꿀 것 같다. 그런 믿음으로 오희용 시인의 두 번째 시집에 수록된 작품 세계의 여정을 접는다.

이야기 나무

오희용 시집

발 행 일 | 2012년 12월 10일
지 은 이 | 오희용
발 행 인 | 李憲錫
발 행 처 | 오늘의문학사
출판등록 | 제55호(1993년 6월 23일)

주 소 | 대전광역시 동구 삼성1동 125-6 한밭오피스텔 401호
전화번호 | (042)624-2980
팩시밀리 | (042)628-2983
홈페이지 | http://www.lito77.co.kr(홈페이지)
전자우편 | hs2980@hanmail.net

공 급 처 | 한국출판협동조합
주문전화 | (070)7119-1741~2
팩시밀리 | (031)944-8234~6

ISBN 978-89-5669-529-7
값 10,000원